JOSÉ MANOEL GONÇALVES

QUANDO O PODER ZOMBA DA JUSTIÇA

KOTTER
EDITORIAL

Diretor editorial: Sálvio Nienkötter
Coordenação editorial: Claudecir de Oliveira Rocha
Editor-executivo: José Ramos Junior
Editor-assistente: Luiz Felipe Cunha
Capa: Jussara Salazar
Design editorial: Carlos Garcia Fernandes
Produção: Joehverson Guslem Jacob
Preparação de originais e revisão: O Autor

Dados Internacionais de Catalogação na Publicação (CIP)
Angelica Ilacqua CRB-8/7057

G626q

Gonçalves, José Manoel Ferreira
Quando o poder zomba da justiça / José Manoel Ferreira Gonçalves. — Curitiba : Kotter editorial, 2025.
88 p.

ISBN 978-65-5361-451-2

1. Ciências sociais 2. Ciência política 3. Direito 4. Justiça I. Título

CDD 320

25-2493

Kotter Editorial Ltda.
Rua das Cerejeiras, 194
CEP: 82700-510 - Curitiba - PR
Tel. + 55(41) 3585-5161
www.kotter.com.br | contato@kotter.com.br

Feito o depósito legal
1ª Edição
2025

JOSÉ MANOEL GONÇALVES

QUANDO O PODER ZOMBA DA JUSTIÇA

Sumário

Introdução 9

O caso Kilmar Abrego Garcia e a afronta ao pacto institucional 17

A reação do Judiciário: a Corte de Apelações reafirma a lei 21

Limites e fragilidades das instituições diante de um Executivo recalcitrante 27

Autoritarismo, escárnio e o contrato social em xeque 31

Crepúsculo do Pacto 35

O riso do mais forte ou o último riso da Justiça? 39

Conceitos para Analisar Poder e Legalidade 43

Banalidade do mal e normalização do arbítrio 45

Violência fundadora e a face oculta da legalidade 47

Sociedade contra o Estado - limites antropológicos ao poder 51

Ilusão da legalidade e privilégio burocrático 55

Expansão - Visitando casos similares 59

Trump é vezeiro 65

Casos Recentes de Confronto entre Executivo e Judiciário 71

Legalidade, Soberania Limitada e o Povo como Juiz de Última Instância 75

Bolsonaro: afronta como método 77

Referências Acadêmicas e Filosófico-Políticas 81

Introdução

Recordo a perplexidade que tomou conta de mim durante os desdobramentos da Operação Lava Jato no Brasil. Aquele esforço aparentemente heroico de combate à corrupção acabou revelando um rosto paradoxal e perturbador: em nome da lei, misturou-se verdades e mentiras, prenderam inocentes ilustres e desestabilizou-se politicamente todo o país. Assistimos boquiabertos a líderes populares serem encarcerados com base em delações questionáveis – casos em que mais tarde ficaria evidente a manipulação ou inexistência das provas. Foi como se o próprio Estado de Direito se dobrasse a interesses ocultos, tornando quase impossível distinguir o joio do trigo quando as instituições são instrumentalizadas politicamente. Essa inversão de expectativas – a justiça convertendo-se em arma política – desafiou minhas convicções mais estabelecidas e levou-me a indagar: afinal, o que faz uma lei valer de fato? Sobre quais fundamentos se sustenta a legitimidade do contrato social, se até as cortes e investigações podem ser capturadas pelo jogo do poder?

Buscando respostas, voltei-me aos pensadores clássicos do **contrato social**. Em meio ao turbilhão, encontrei em Thomas Hobbes um ponto de partida sólido (ou assim esperava) para compreender a crise. Hobbes, escrevendo em meio à guerra civil inglesa no século XVII, pintou no *Leviatã* a célebre imagem do estado de natureza – um cenário de caos e violência em que a vida humana seria "solitária, pobre, sórdida, brutal e curta". Para escapar a esse destino de guerra de todos contra todos (*bellum omnium contra omnes*), os indivíduos renunciariam a parte de sua liberdade em favor de um pacto fundamental: **o contrato social** que dá origem a uma autoridade soberana. O Leviatã, esse soberano feito do consentimento de cada um, teria como papel central garantir a paz civil e a ordem, impondo-se sobre as vontades individuais. Em termos simples, a lei vale porque existe um poder maior que nos obriga a respeitá-la – e nós o aceitamos porque preferimos a obediência à anarquia destrutiva.

Mas a angústia que senti diante da Lava Jato veio exatamente de perceber uma fissura nesse pacto. Hobbes nos legou a ideia de que a legitimidade da lei nasce do consentimento e do medo do caos; porém, o que acontece quando o próprio guardião da ordem subverte as regras? Hobbes concebia o soberano quase absoluto, mas talvez não tenha imaginado com clareza suficiente o dilema de um soberano que, em vez de garantir a justiça, a instrumentaliza. O contrato social hobbesiano pressupõe, afinal, que o soberano também cumpre sua parte – protegendo seus súditos e mantendo a justiça básica. Quando as instituições que deveriam proteger os inocentes passam a servir a desígnios escusos, estamos perigosamente próximos daquele estado de natureza que Hobbes tanto temia. A diferença é que agora o Leviatã ainda existe, porém deformado: torna-se um gigante a serviço de facções, um poder que zomba da justiça em vez de sustentá-la.

Essa constatação me fez ecoar uma famosa frase de Karl Marx: "*tudo que é sólido desmancha no ar*". Marx utilizou essa imagem para descrever como as estruturas aparentemente estáveis da sociedade burguesa se dissolvem sob a dinâmica revolucionária do capitalismo aqui, porém, empreguei-a para retratar a dissolução das garantias institucionais em tempos de crise. O que antes julgávamos sólido – constituições, tribunais, direitos consagrados – pode subitamente evaporar quando confrontado por forças políticas despóticas. As **instituições democráticas**, aparentemente perenes, revelam sua fragilidade diante de governantes que agem como se a lei fosse mera sugestão. A força de uma Constituição, afinal, depende da adesão coletiva em respeitá-la; sem esse compromisso genuíno, ela reduz-se a "um guardanapo de coquetel com rabiscos", nas palavras amargas de um colunista estarrecido. É profundamente inquietante reconhecer quão volátil é a legalidade: basta um sopro autoritário para que **a estabilidade institucional se desfaça como fumaça**, e aquilo que julgávamos permanente se mostre contingente e delicado.

Diante dessas reflexões, fui levado a considerar uma provocação ainda mais cínica sobre o *Direito*: a de Trasímaco no *Livro I* da *República* de Platão.

Trasímaco, interlocutor de Sócrates, não hesita em afirmar que "*justiça não é senão o interesse do mais forte*". Em outras palavras, para ele as leis e noções de justo seriam apenas construções do poder dominante em benefício próprio. Essa ideia atravessa os séculos como um incômodo sussurro: e se, por baixo dos belos princípios jurídicos, a realidade crua for essa – a de que quem detém a força molda o certo e o errado conforme seus interesses? Confesso que sempre resisti a aceitar tamanho pessimismo. No entanto, observando eventos recentes, a tese de Trasímaco ganha uma ressonância dolorosa. **Em momentos de exceção, quando as instituições vacilam, parece de fato que a justiça se inclina ao sabor dos poderosos**, confirmando tragicamente a provocação do antigo sofista. Os idealistas dirão que a Justiça com "J" maiúsculo precisa ser cega a diferenças de poder, mas a experiência concreta por vezes nos mostra o contrário – mostra juízes temerosos diante de influentes, mostra leis aplicadas seletivamente, mostra, em suma, o interesse dos mais fortes prevalecendo sob o rótulo da legalidade.

Nenhum exemplo recente encarna tão vividamente esse colapso do pacto institucional quanto o caso de Kilmar Abrego Garcia. Este episódio ocorreu longe do Brasil, mas serve como um espelho perturbador – vindo justamente do país que mais alardeia sua tradição democrática. Kilmar Abrego Garcia, um imigrante salvadorenho residente legal nos Estados Unidos, foi **ilegalmente deportado** pela administração Trump no início de 2025, apesar de ordens judiciais em contrário. O governo rotulou-o arbitrariamente como membro de gangue e "terrorista" para justificativa pública, **ignorando uma decisão unânime da Suprema Corte** que determinava sua permanência no país. Numa afronta sem precedentes ao Estado de Direito, o presidente norte-americano simplesmente recusou-se a cumprir a ordem – tratou o veredito do mais alto tribunal como um capricho descartável. As manchetes chegaram a retratar os acontecimentos em tom sarcástico: "bem-vindo de volta aos Estados Unidos de Trump, onde a Constituição é como um guardanapo de coquetel rabiscado...".

A realidade ultrapassava a sátira: o presidente ria da Suprema Corte e da Constituição, demonstrando ao mundo que, naquele instante, justiça era apenas o interesse do mais forte em ação. Para consolidar o escárnio, Trump encenou uma coletiva com o presidente de El Salvador, ambos fingindo não ter poder para reverter a deportação ilícita. Com um jogo de cena cínico, transferiram a responsabilidade um ao outro e cristalizaram a impunidade: o pacto fundamental entre governantes e governados – aquele respeito mútuo sem o qual as leis não passam de palavras – fora rompido em plena luz do dia. Este caso emblemático mostra como as garantias institucionais podem ruir mesmo em democracias consolidadas: quando o chefe do Executivo decide se colocar *acima* da lei, as estruturas legais, por mais sólidas que pareçam, desmancham no ar.

Se até na nação símbolo do liberalismo jurídico vimos tamanho retrocesso, o que dizer de nós? Essa pergunta inquietante percorre as páginas que se seguem. A partir da perplexidade inicial com a Lava Jato e passando por reflexões filosóficas de Hobbes, Marx e Platão, este livro busca pensar o Brasil à luz desses casos e ideias. Examino criticamente como e por que nosso Estado de Direito entrou em crise, identificando sinais de que o Direito tem sido capturado por projetos de poder – imperiais ou oligárquicos – em detrimento da justiça social e da soberania popular. Não se trata de ceder ao pessimismo de Trasímaco, mas de encará-lo de frente: reconhecer que há, sim, uma luta constante para que o Direito deixe de ser instrumento dos mais fortes e volte a ser expressão da vontade coletiva de um povo por igualdade e paz civil. O caminho será dialético: entre a desesperança e a esperança, entre a crítica contundente e a defesa de alternativas. Em última instância, esta introdução – e a obra como um todo – pretendem oferecer uma gota d'água de lucidez e engajamento na preparação crítica e política para os tempos que se anunciam. Pois se "tudo que é sólido" pode desmanchar, que este livro sirva ao menos para reforçar em nós a consciência e a determinação de reconstruir, quantas vezes forem necessárias, os alicerces de um autêntico Estado de Direito.

O caso Kilmar Abrego Garcia e a afronta ao pacto institucional

Segunda-feira, 14 de abril de 2025, entrou para a história recente dos Estados Unidos como um dia de ruptura institucional. Naquela tarde, o presidente Donald Trump desafiou abertamente uma decisão unânime da Suprema Corte e, com o apoio de um chefe de Estado estrangeiro, negou cumprimento a uma ordem judicial. Não por acaso, o colunista Matt K. Lewis descreveu o ocorrido com espanto: "*Bem-vindo de volta aos Estados Unidos de Trump, onde a Constituição é como um guardanapo de coquetel com rabiscos, onde uma decisão unânime da Suprema Corte recebe a mesma deferência que uma reclamação de atendimento ao cliente...*". Em outras palavras, o governo Trump estava rindo da Suprema Corte e da Constituição, escancarando uma postura de menoscabo às bases do Estado de Direito. Se alguém imaginava que já se havia atingido o ápice do desvario institucional, aquele dia veio superar expectativas – "*essa segunda-feira pode ser lembrada como o dia mais perturbador do segundo mandato de Trump*".

O estopim da crise foi o caso de Kilmar Abrego Garcia, um residente legal nos EUA que, em março de 2025, foi deportado à força para El Salvador, apesar de ordens judiciais vigentes que impediam sua remoção. Trata-se de um cidadão de Maryland que havia obtido proteção contra deportação desde 2019, mas que o governo Trump classificou (sem provas) como um membro da gangue MS-13 e um "terrorista" para justificar sua expulsão. Mesmo altos funcionários admitiram, em documentos oficiais, que a deportação fora um "erro". Ainda assim, apressaram-se em enviá-lo ao exterior, ignorando uma decisão unânime da Suprema Corte que ordenava que ele permanecesse no país. A Suprema Corte – composta inclusive por juízes indicados pelo próprio Trump – havia confirmado a ordem de um tribunal inferior para que o Executivo "facilitasse" o retorno de Abrego Garcia aos EUA. Essa determinação visava restaurar a situação original do caso, garantindo que o processo legal seguisse seu curso normal, *como se o Sr. Garcia nunca tivesse sido indevidamente enviado a El Salvador*.

No entanto, em desafio direto, Trump encenou, no dia 14 de abril, uma reunião na Casa Branca com o presidente de El Salvador, Nayib Bukele, que mais parecia teatro do que diplomacia. Ambos os líderes declararam falsamente não ter poder para devolver Abrego Garcia aos EUA, criando um *impasse* fabricado. Bukele, sorridente ao lado de Trump, insistiu cinicamente que não podia libertar o detido, chegando a chamá-lo de "terrorista" e tachando de "esdrúxula" a ideia de devolvê-lo. Trump, por sua vez, emendou nas redes sociais, que "*esses bárbaros agora estão sob custódia exclusiva de El Salvador... o futuro deles cabe ao Presidente Bukele*". A mensagem era clara: o Presidente dos EUA lavava as mãos, atribuindo a responsabilidade integral a um governo estrangeiro – uma saída convenientemente orquestrada para driblar a exigência judicial de repatriar o deportado.

A insubordinação não parou aí. Integrantes do alto escalão trumpista ecoaram o desdém pelas ordens judiciais. A então procuradora-geral, Pam Bondi, declarou que a decisão sobre o destino de Abrego Garcia "*cabia a El Salvador*" – mas, ironicamente, ofereceu providenciar um avião dos EUA se Bukele quisesse enviá-lo de volta. Já Stephen Miller, estrategista influente do governo, foi ainda mais explícito em sua recusa ao pacto institucional: mesmo que, por milagre, El Salvador devolvesse o homem, "*nenhuma versão desse caso termina com ele vivendo aqui [nos EUA]*", disse Miller, prometendo deportá-lo novamente assim que pisasse em solo americano. Ou seja, anunciou antecipadamente o descumprimento de qualquer decisão judicial futura que favorecesse

Abrego Garcia. Em suma, o Executivo deixava claro que não se submeteria ao veredicto de juízes, colocando em risco o princípio básico de freios e contrapesos.

Por trás desse confronto estava uma perigosa filosofia de poder. A população americana se acostumou, por gerações, à ideia de que ninguém está acima da lei. Mas a atitude do governo Trump parecia evocar a célebre provocação de Trasímaco, nos diálogos de Platão: "*justo é o interesse do mais forte*". *Aqui, o "mais forte*" – o chefe do Executivo, detentor do aparato policial e militar – comporta-se como se seu interesse e vontade prevalecessem sobre a justiça. Trump age como se pudesse redefinir unilateralmente o contrato social, convertendo decisões judiciais em meros conselhos facultativos. O que acontece quando o guardião das leis decide zombar da Justiça? Essa pergunta, antes teórica, ganha agora contornos reais e alarmantes.

A reação do Judiciário: a Corte de Apelações reafirma a lei

Diante do escárnio do Executivo, o Judiciário norte-americano moveu-se rapidamente para reafirmar sua autoridade e tentar preservar a integridade do Estado de Direito. No dia 17 de abril de 2025, apenas três dias após o show de desprezo na Casa Branca, uma Corte de Apelações dos EUA (Quarto Circuito) emitiu uma decisão histórica. Em linguagem contundente e rara, os magistrados rejeitaram por unanimidade o pedido do governo Trump para suspender a ordem que beneficiava Abrego Garcia. Mais do que isso: censuraram o comportamento do Executivo, em termos duros, expondo o abismo entre a legalidade e a vontade arbitrária do poder.

Logo de início, a decisão do colegiado destacou o óbvio: não havia mistério no cerne do caso, mas um princípio cristalino sendo violado. "*O governo está reivindicando o direito de esconder residentes deste país em prisões estrangeiras, sem o mínimo vestígio do devido processo que é fundamento de nossa ordem constitucional*", escreveu o tribunal, acrescentando que essa pretensão do Executivo – de nada poder ser feito após se livrar da custódia do indivíduo – é chocante "*não apenas para os juízes, mas para o senso intuitivo de liberdade que os americanos... ainda prezam.*". Em outras palavras, é estarrecedor que um governo democrático afirme poder retirar alguém do alcance da lei simplesmente expulsando-o do país. Até mesmo um juiz de perfil conservador expressou pasmo com a conduta "chocante" da administração Trump, sublinhando que nenhum fim – nem mesmo o combate a gangues violentas – justifica atropelar as garantias processuais.

A Corte de Apelações desmontou, ponto por ponto, as desculpas oficiais. O governo alegou que rotular Abrego Garcia de "*terrorista*" e jogá-lo nas masmorras de outro país era questão de "*política externa*", fora do alcance do Judiciário americano. Porém, os juízes refutaram tal "escudo" diplomático, lembrando que não existe uma "exceção de relações exteriores" que permita ao Executivo ignorar ordens judiciais. Citando precedentes, assinalaram que, mesmo em assuntos sensíveis, o governo não pode simplesmente cruzar os braços e invocar 'segurança nacional' como palavra mágica. É dever do tribunal averiguar as alegações – e, no caso, o suposto impedimento diplomático não passava de artifício: o próprio presidente salvadorenho estava alinhado com Trump nessa encenação, e não havia negociação real alguma em curso, apenas a vontade política de manter o dissidente longe do alcance da Justiça.

Em sua decisão, a Corte também enfatizou que a ordem da Suprema Corte era inequívoca: "facilitar" o retorno de Abrego Garcia significava tomar medidas ativas para libertá-lo da custódia em El Salvador e trazê-lo de volta, restaurando seu caso à situação em que estaria se não tivesse ocorrido a deportação indevida. Os juízes notaram que o governo tentou reduzir o verbo *facilitar* a uma interpretação minimalista – alegando que bastaria "*remover obstáculos domésticos*" e esperar passivamente – mas rejeitaram essa manobra semântica. Facilitar – escreveram - "é um verbo ativo", que exige ações concretas e imediatas, não meros gestos simbólicos. Assim, *não* cabia ao governo simplesmente lavar as mãos; ao contrário, deveria empregar todos os meios ao seu dispor para corrigir o erro cometido. Em tom severo, a Corte determinou que "*facilitar não significa sancionar a revogação do habeas corpus por meio da transferência de custódia a prisões estrangeiras, como se tentou fazer aqui*". Ou seja, deportar alguém ilegalmente e depois alegar impotência equivale a institucionalizar a anarquia – uma subversão total do Estado de Direito que o Judiciário não pode tolerar.

A decisão de 17 de abril foi, em essência, uma tentativa de frear a deriva autoritária do Executivo e restaurar o pacto institucional. Em suas páginas, os magistrados evocaram princípios basilares: "*O Poder Executivo detém poderes enormes para processar crimes e deportar, mas a esses poderes correspondem restrições*", lembraram. Eles fizeram perguntas retóricas contundentes: "*Se hoje o Executivo reivindica o direito de deportar sem devido processo e em desrespeito a ordens judiciais, que garantia há de que amanhã não deportará cidadãos americanos, alegando depois não ter responsabilidade de trazê-los de volta?*". E mais: "*Que garantia teremos de que o Executivo não voltará seus amplos poderes discricionários contra seus inimigos políticos?*". Tais indagações expõem o abismo para o qual se olha quando um governo desafia frontalmente o Judiciário: hoje é um imigrante com suposta ficha criminal; amanhã, poderiam ser adversários políticos ou qualquer cidadão comum. A linha vermelha – o direito ao devido processo e à lei – é o que separa a civilização do arbítrio, e essa linha está sendo cruzada.

Os juízes ressaltaram que o dever constitucional do presidente de "zelar fielmente pela execução das leis" (Art. II, § 3 da Constituição dos EUA) perderia sentido se o próprio presidente puder ignorar decisões judiciais. Citando até mesmo Alexander Hamilton em *O Federalista nº 70*, reconheceram que a "energia" do Executivo é necessária para a governança eficiente, porém advertiram que tal energia não pode se converter em impaciência tirânica perante a cautela judiciosa. Houve ainda uma menção histórica eloquente: os magistrados recordaram o exemplo do presidente Dwight Eisenhower, que em 1957 *colocou de lado suas "opiniões pessoais" e cumpriu seu dever inexorável de executar a decisão da Suprema Corte* em Brown v. Board of Education, enviando tropas federais para integrar escolas no Arkansas. Eisenhower, apesar de reservas ideológicas, entendeu que "*a própria base de nossos direitos e liberdades individuais é a certeza de que o Presidente e o Executivo apoiarão e assegurarão o cumprimento das decisões das Cortes Federais*". "*Se o Presidente não o fizer, a anarquia resultará*", foram as palavras do estadista citadas pela Corte. A comparação salta aos olhos: onde um presidente do passado viu o cumprimento de ordens judiciais como pilar da liberdade, o atual vê apenas obstáculo a ser driblado.

Limites e fragilidades das instituições diante de um Executivo recalcitrante

A postura desafiadora do governo Trump e a enérgica resposta da Corte de Apelações expuseram os limites e fragilidades das instituições democráticas quando um dos poderes decide não jogar pelas regras. O sistema americano de freios e contrapesos depende criticamente de boa-fé e respeito mútuo entre Executivo, Legislativo e Judiciário. Como bem pontuou a Corte, "*as diferenças básicas entre os poderes exigem um esforço sério de respeito mútuo*" – os tribunais devem respeitar a esfera do Executivo, mas o Executivo deve reciprocamente respeitar as cortes. Em circunstâncias normais, essa dinâmica funciona como um pacto implícito: o Executivo acata decisões judiciais, mesmo que contrárias à sua vontade, e o Judiciário, por sua vez, não usurpa atribuições típicas do Executivo. Porém, quando o Executivo se revela recalcitrante, recusando-se a cumprir ordens, as ferramentas institucionais para lidar com isso se mostram frágeis.

A Constituição não dotou a Suprema Corte (nem as Cortes de Apelação) de um exército próprio para fazer valer suas decisões. Sua autoridade repousa, em última instância, na aceitação voluntária das demais autoridades e da sociedade. Historicamente, quando governos desafiaram tribunais, criou-se um impasse perigoso. Um exemplo clássico é o célebre caso *Cooper v. Aaron* (1958), decorrente da resistência de autoridades locais no sul dos EUA à integração racial nas escolas. Naquele episódio, a Suprema Corte reiterou que sua palavra é a "lei suprema do País" e que nenhuma autoridade pode violá-la impunemente. Contudo, foi necessária a intervenção direta do Presidente (Eisenhower) e de tropas federais para que a lei se cumprisse.

No presente caso, vivemos quase o inverso: é o próprio Presidente que descumpre a ordem, e não há instância superior a ele no Executivo para corrigi-lo. Resta o recurso à pressão institucional e política. A juíza distrital Paula Xinis, responsável original pelo caso Abrego Garcia, deu sinais claros de que não se deixaria intimidar – em audiência, afirmou que "*cada dia que o Sr. Abrego Garcia permanece detido no CECOT (megaprisão de El Salvador) é um dia de dano irreparável*", sinalizando disposição de aplicar sanções ao governo até que seja remediada a situação. A Corte de Apelações, ao negar o mandado de segurança pedido pela Casa Branca, colocou nas mãos da juíza Xinis o "chicote" para conduzir o Executivo à linha. Ou seja, autorizou-a a prosseguir com investigações e ordens para que o governo informe as medidas tomadas e cumpra sua obrigação legal. Em termos práticos, isso poderia incluir multas diárias por descumprimento, declarações formais de desacato (*contempt of court*) e outras punições jurídico-financeiras contra os órgãos ou agentes responsáveis.

Porém, aqui aparece a fragilidade: e se o Executivo persistir em ignorar tais penalidades? Uma multa imposta a uma agência governamental é, no fundo, o Estado pagando a si mesmo; tem efeito moral e político, mas talvez não coercitivo. Em última instância, o Judiciário poderia instigar uma reação do Legislativo – por exemplo, Congressistas poderiam iniciar procedimentos de impeachment por desobediência constitucional flagrante. De fato, a decisão da Corte de Apelações menciona, com preocupação, que "*não raramente hoje vemos chamados pelo impeachment de juízes cujas decisões desagradam ao Executivo, e exortações para desobedecer a ordens judiciais*", o que ilustra o clima de confronto. O Senado controlado por aliados de Trump dificilmente agiria contra o Presidente; ao contrário, havia vozes incentivando o embate com o Judiciário. Assim, as instituições ficam perto de um atrito irreversível, moendo-se mutuamente em um conflito que tende a enfraquecer a ambos. A própria Corte reconheceu esse risco de perda: "*Isso é uma proposta perdedora para todos. O Judiciário perde muito com as insinuações constantes de sua ilegitimidade... O Executivo perde muito com a percepção pública de sua ilegalidade... O Executivo pode até enfraquecer os tribunais por um tempo, mas a história acabará por escrever o trágico hiato entre o que foi e o que poderia ter sido, e a lei, no devido tempo, assinará seu epitáfio*". É uma prosa quase literária para dizer que, se esse divórcio institucional persistir, ambos os poderes sairão diminuídos e a sociedade pagará o preço.

Em meio a esse impasse, a decisão da Corte de Apelações teve também um papel simbólico fundamental: o de reafirmar, para o público e para a história, quais valores estão em jogo. Mesmo que Trump não cedesse imediatamente, era crucial deixar registrado que o Estado de Direito não se dobra sem resistência. A opinião da Corte recorda que, apesar de suas imperfeições, as cortes falam "*com consciência de suas imperfeições, mas também com convicção de que incutem uma fidelidade à lei que faria enorme falta se não existissem*". Em resumo, os juízes cumpriram seu dever: ergueram a voz da lei contra a razão da força. Levar essa voz até as últimas consequências dependeria de outros atores – e, em última análise, da pressão da opinião pública.

Autoritarismo, escárnio e o contrato social em xeque

O embate em torno do caso Abrego Garcia não é apenas jurídico; é profundamente político e simbólico. Ele nos obriga a refletir sobre a retórica do autoritarismo e os limites do contrato social numa democracia. Desde sua campanha e ao longo de seu primeiro mandato, Donald Trump notabilizou-se por atacar instituições independentes – imprensa, agências de fiscalização e, frequentemente, o Judiciário. Em seu segundo mandato, essas tendências se acentuaram. A insistência em deportar Abrego Garcia a qualquer custo – mesmo contrariando juízes e leis – serviu como um recado aos seguidores mais radicalizados de Trump de que ele não se verga a ninguém, nem mesmo à Suprema Corte composta majoritariamente por conservadores. Essa imagem de "homem forte" que faz pouco caso de juízes não é nova na história: líderes autoritários frequentemente buscam desacreditar o Judiciário, pintando-o como entrave burocrático ou instrumento de elites, para consolidar poder sem limites.

A zombaria pública de Trump às decisões judiciais – retratada quase em tom de galhofa nos comunicados oficiais – mina a autoridade moral das leis. Quando o Presidente trata uma ordem da Suprema Corte como uma piada, convida seus apoiadores a fazerem o mesmo. Cria-se uma erosão gradual da crença de que as instituições são imparciais ou dignas de obediência. Em discursos e postagens, Trump sugeriu que juízes que o contrariavam eram "politizados" ou agiam contra o interesse nacional, preparando terreno para que seus aliados vissem a desobediência não como crime, mas como patriotismo. É o discurso clássico do autoritarismo: a personificação da vontade popular no líder, em oposição às "*tecnicalidades*" legais. O contrato social democrático, contudo, sustenta-se exatamente no oposto – na impessoalidade da lei, que deve valer acima da vontade individual do governante. Quando o governante se coloca acima da lei, *rompe-se o contrato fundamental entre governantes e governados*: este pacto diz que aceitaremos o poder do Estado sobre nós (seus cidadãos) contanto que ele seja exercido dentro das leis e com respeito a nossos direitos. Se o próprio Estado (na pessoa de seu líder) descumpre as leis que lhe limitam, por que razão os cidadãos comuns deveriam segui-las? Levada ao extremo, essa lógica conduz à anomia ou à tirania.

O comportamento do governo Trump contextualiza de forma dramática seu relacionamento com a Suprema Corte e demais instituições. No passado, mesmo em momentos de tensão, havia a suposição de que, ao final, o Executivo cederia – nem que fosse para lutar de outra maneira (por exemplo, mudando a lei via Congresso). Trump, entretanto, demonstrou um desdém quase sarcástico: ao ignorar uma ordem unânime da Suprema Corte e depois buscar uma encenação internacional para justificar o injustificável, ele rompeu com uma tradição republicana básica. Tal atitude dá combustível a narrativas autoritárias mundo afora, pois mostra um presidente dos EUA – país historicamente visto como referência democrática – agindo como líderes que outrora Washington criticava. Não surpreende que Nayib Bukele, presidente de El Salvador conhecido por tendências autocráticas, tenha entrado de bom grado na farsa: para Bukele, foi uma oportunidade de legitimar seus próprios métodos duros sob o manto de parceria com os EUA. E para Trump foi útil contar com o líder salvadorenho como coadjuvante no desprezo às cortes, talvez normalizando a ideia de que direitos humanos e devido processo são "frescura" frente ao combate ao crime.

Contudo, a resposta firme do Judiciário também teve seu simbolismo importante. Em meio ao avançado processo de degradação institucional, ver uma Corte de Apelações – inclusive com juízes conservadores – falando em nome da Constituição com paixão e clareza trouxe um sopro de esperança para muitos. A opinião do tribunal relembrou o compromisso de Eisenhower com a lei, evocou Hamilton, citou até a possibilidade de abuso de poder contra inimigos políticos. Essa linguagem, quase didática, parecia dirigida não apenas aos juristas, mas à nação como um todo, como quem diz: *atenção, estamos à beira de uma crise incipiente; ainda há tempo de recuar desse abismo*. Em um trecho final, os juízes escreveram: "*Ainda nos apegamos à esperança de que não seja ingênuo acreditar que nossos bons irmãos no Poder Executivo percebam o Estado de Direito como vital ao ethos americano. Este caso apresenta a eles uma oportunidade única de vindicar esse valor e convocar o que há de melhor em nós enquanto ainda há tempo*". É quase um apelo moral ao Executivo para que retorne ao caminho da legalidade – um convite para restaurar o pacto social violado. Tal tom revela o quão grave é a situação: os guardiões da lei apelam à consciência dos detentores do poder, sabendo que, se essa consciência falhar, pouco mais resta a fazer senão registrar a afronta para que a história julgue.

Crepúsculo do Pacto

Nos antigos mitos nórdicos, Wotan – soberano dos deuses – portava uma lança onde estavam gravadas em runas as cláusulas de todos os acordos e leis que sustentavam a ordem do mundo. Esse artefato místico era a fonte de sua autoridade; cada tratado inscrito no seu madeiro sagrado selava um vínculo inviolável entre o poder divino e o destino do cosmos. No entanto, narra a epopeia que o próprio Wotan, ao trair os termos sagrados talhados em sua lança, semeou a ruína de sua estirpe celestial – o *Crepúsculo dos Deuses*, a queda final de toda a raça divina.

A analogia com a atualidade é inevitável. Os Estados Unidos, herdeiros desse imaginário anglo-saxão, também fundaram seu poder em pactos – escritos (na Constituição e nas leis) ou tácitos (nos princípios democráticos). Quando o próprio guardião do poder viola esses pactos fundadores, abre-se uma fissura irreparável: por ela escoa a legitimidade e, junto, ruem os alicerces da ordem instituída. O caso Kilmar

Abrego Garcia, discutido anteriormente, é emblemático: ao desafiar uma ordem judicial e desdenhar do pacto institucional, o governo Trump fez estremecer os pilares do Estado de Direito – como uma rachadura surgindo na lança de Wotan cravada no coração da justiça.

Não é coincidência que sociedades ao longo dos séculos recorram ao mito para moldar sua compreensão política. O próprio direito anglo-saxão – berço da cultura jurídica norte-americana – herdou arquétipos dessa imaginação ancestral: crônicas medievais narram que reis anglo-saxões descendiam de Wotan, imiscuindo a legitimidade das leis numa linhagem mito-poética. Séculos depois, a jovem nação americana elevaria seus textos fundadores à categoria de escrituras cívicas sagradas – da Declaração de Independência à Constituição, veneradas como totens de um pacto social primordial. Esse verniz quase religioso sobre a lei positiva revela como o mito ainda serve de cimento às instituições, conferindo-lhes sentido, aura e uma aparência de perenidade.

Da mitologia ao materialismo: Karl Marx, com argúcia poética, sentenciou que "*tudo que é sólido desmancha no ar*". Referia-se às estruturas aparentemente perenes dissolvidas pelas torrentes da história. Hoje, essa máxima ilumina a fragilidade dos pactos sociais tácitos: aquilo que supúnhamos inabalável – leis, convenções, freios institucionais – pode evaporar de súbito se seus próprios fiadores o traem. Em suma, o contrato social – esse acordo tácito fundamental imaginado por Hobbes, Locke e Rousseau – é tão forte quanto à vontade coletiva de honrá-lo; sem essa sustentação, derrete-se no ar, levando consigo toda a arquitetura de direitos e garantias erigida sobre ele.

A saga de Wotan e a saga americana convergem na lição final. Quando o guardião do pacto o trai, inicia-se o crepúsculo – não dos deuses imortais, mas das instituições humanas. Das lendas ancestrais aos eventos contemporâneos, ergue-se um mesmo alerta contra o autoritarismo e a erosão institucional: nenhum poder, divino ou terreno, sobrevive ao desprezo pelos pactos que lhe conferem legitimidade.

O riso do mais forte ou o último riso da Justiça?

No desenlace dessa saga, permanecemos em suspenso sobre quem terá a palavra final. A ordem de deportação foi revertida nos tribunais, mas Abrego Garcia continuou atrás das grades em território estrangeiro por algum tempo, refém de um impasse geopolítico-jurídico. A Suprema Corte, ridicularizada publicamente, manteve-se firme em suas decisões e, ao menos por ora, não cedeu à pressão do Executivo. Enquanto isso, Trump e seus asseclas persistiram em desafiar: convocaram coletivas exaltadas, inflamaram sua base com retórica anti-imigração e acumularam multas por desacato nos autos judiciais – na prática transformando a violação da lei em espetáculo político.

Resta saber se esse capítulo será lembrado como o momento em que a democracia americana resistiu ao ímpeto autoritário ou sucumbiu a ele. O *pacto institucional* foi seriamente abalado: o Executivo testou os limites do sistema ao máximo, e o Judiciário respondeu à altura das palavras, embora carecendo de meios físicos para fazer valer suas sentenças. O risco apontado pelos juízes – de uma trágica brecha entre o que era e o que poderia ter sido, com a lei assinando seu próprio epitáfio – ainda paira no ar. Mas também permanece a centelha de esperança de que, no acerto de contas final, a Justiça não seja apenas motivo de riso dos poderosos, e sim a última a rir. Afinal, como ensinou Eisenhower e tantos outros estadistas, *é na submissão do forte às regras justas que reside a verdadeira força de uma nação*. Enquanto houver quem denuncie o absurdo de se "esconder" pessoas em prisões distantes para burlar a lei, e quem esteja disposto a segurar a tocha do Estado de Direito mesmo sob tempestade, há razões para crer que o contrato social poderá ser remendado.

O episódio de Trump e Abrego Garcia nos lembra que as instituições valem tanto quanto o compromisso sincero de seus ocupantes em respeitá-las. Mostra quão frágil pode ser a linha entre a ordem e o arbítrio quando um líder decide testá-la. No duelo entre o riso do mais forte e a dignidade da Justiça, o desfecho permanece em aberto – ainda que a história venha mostrando repetidas vezes que subestimar a força dos princípios pode ser o erro final dos poderosos. Em última análise, quando o poder zomba da Justiça, é a Justiça – *amparada pelo pacto social e pelo clamor dos cidadãos* – que deve rir por último.

E isso só será possível se sociedade e instituições, juntas, reafirmarem que ninguém está acima da lei, nem mesmo (e especialmente) quem detém o poder. Nem só o Haiti é aqui. Fiquemos de olho, 2026 é logo ali.

Conceitos para Analisar Poder e Legalidade

Estado de Exceção como paradigma de poder: O primeiro conceito-chave vem de Carl Schmitt e Giorgio Agamben. Schmitt definiu soberania como o poder de decidir a exceção – isto é, a suspensão da ordem jurídica normal em nome da segurança pública. Na exceção, "alguém com poder põe o direito que acha adequado para aquele — e cada — caso", revelando a face discricionária da autoridade. Agamben aprofunda essa ideia ao notar que, no mundo contemporâneo, o estado de exceção deixou de ser raro e emergencial para tornar-se um paradigma de governo. Em outras palavras, a exceção virou regra, e os governos habituaram a sociedade a conviver com suspensões de garantias legais em nome do suposto bem comum. Isso ilumina o caso em análise: quando o poder zomba da justiça, ele frequentemente o faz criando situações de exceção permanente – brechas legais ou medidas provisórias contínuas – que corroem por dentro os pilares do Estado de Direito. A legalidade vai se esgarçando, pois, a própria ordem jurídica é manipulada para legalizar o arbítrio. O soberano de exceção atua "dentro da lei, mas além da lei", usufruindo de prerrogativas extralegais sem abolir formalmente o arcabouço jurídico. Assim, compreendemos que a zombaria do poder frente à justiça não é mero desvio individual, e sim sintoma de um mecanismo estrutural: a normalização da exceção coloca em risco a integridade das instituições, convertendo a lei em ferramenta maleável nas mãos de quem detém a autoridade suprema.

Banalidade do mal e normalização do arbítrio

Hannah Arendt, ao analisar os regimes totalitários, cunhou o conceito de "banalidade do mal" para descrever como atos terríveis podem ser cometidos por pessoas comuns que simplesmente cumprem ordens e rotinas, sem espírito crítico ou julgamento moral. Transportado ao nosso contexto, esse conceito ajuda a examinar como práticas ilegais ou abusivas podem se tornar corriqueiras dentro das instituições quando o poder as legitima tacitamente. Quando líderes poderosos escarnecem da justiça (desobedecendo ordens judiciais, distorcendo leis, ou premiando lealdade cega em detrimento da legalidade), os funcionários subalternos podem passar a encarar tais abusos como "normais", parte do trabalho diário. Instaura-se uma cultura de conivência burocrática, na qual ninguém se sente pessoalmente responsável pelo resultado injusto. Arendt alerta que esse tipo de ambiente produz uma *tirania sem tirano*: uma máquina administrativa onde todos executam sua função sem refletir, criando um vazio de responsabilidade. "O governo de Ninguém não é a ausência de governo", escreve Arendt, "e onde todos são igualmente impotentes, temos uma tirania sem tirano" . Ou seja, quando a injustiça se burocratiza e se banaliza, o mal difuso penetra nas engrenagens do Estado. No caso em discussão, podemos perguntar: quantos agentes públicos, juízes, assessores ou servidores acabaram aceitando desvios de legalidade como parte do jogo político? A erosão institucional aqui ocorre não por um golpe abrupto, mas pela lenta adaptação dos procedimentos e das mentes a um estado de ilegalidade banalizada. A lei deixa de causar assombro ou respeito; o arbítrio vira rotina. Esse diagnóstico arendtiano ilumina a dimensão insidiosa da zombaria do poder: o maior perigo é quando a sociedade já não se choca com ela, passando a ver como normal aquilo que deveria ser excepcional e escandaloso.

Violência fundadora e a face oculta da legalidade

A tradição da teoria crítica, em especial Walter Benjamin, convida-nos a analisar a relação entre poder e legalidade a partir da noção de violência fundadora do direito. Em seu ensaio *Para uma Crítica da Violência* (1921), Benjamin distingue a "violência mítica" – aquela que funda uma nova ordem jurídica – da "violência conservadora" – aquela que a mantém. Todo estado se funda, em última instância, num ato de força original (uma revolução, uma conquista, uma imposição de autoridade). O direito, portanto, tem uma origem violenta que costuma ser mascarada pela reverência às leis. Contudo, quando o poder atual zomba da justiça, expondo cinicamente seu desprezo pelas regras, ele na verdade deixa entrever essa base de força bruta subjacente à lei. É como se arrancasse a máscara da deusa Têmis, revelando o rosto duro do poder nu. Segundo Benjamin, a estabilidade legal sempre corre o risco de se tornar mero *fachada*, caso a violência estatal se desvincule da justiça – e aí seria necessária uma "violência divina" (puramente justiçadora) para romper o círculo vicioso.

Já Theodor Adorno e Max Horkheimer, na *Dialética do Esclarecimento* (1944), apontaram como a razão instrumental pode transformar instituições ilustradas em aparelhos de dominação – inclusive o direito, que pode involuir de guardião da justiça para simples instrumento técnico do poder. Desse ângulo, a erosão institucional no caso em tela reflete a *instrumentalização da lei*: normas e tribunais são usados seletivamente para punir adversários do grupo dominante ou para dar verniz de legalidade a medidas injustas, enquanto transgressões do próprio poder são ignoradas. Há aqui o que poderíamos chamar de "violência legal" – não violência física em si, mas a torção da norma para violentar seu espírito. Michel Foucault complementaria essa análise lembrando que o poder moderno opera não apenas pela lei, mas por uma miríade de disciplinas e controles sociais que podem esvaziar o sentido da legalidade.

Quando o discurso oficial clama respeito à lei enquanto, nos bastidores, prevalece a imposição pela força ou pelo medo, vive-se uma espécie de anomia ordenada: a forma da lei persiste, porém, seu conteúdo de justiça se esvai. Assim, o poder zomba da justiça não só ao descumprir decisões ou corromper juízes, mas também ao esvaziar o direito por dentro, convertendo-o em pura formalidade sem substância ética. A crítica benjaminiana nos lembra de questionar: qual *violência originária* está sendo exercida aqui sob o manto das instituições? E a teoria crítica adverte para o risco de naturalizarmos essa violência, tomando o excepcional (arbitrariedade, abuso) como se fosse normalidade jurídica.

Sociedade contra o Estado - limites antropológicos ao poder

A antropologia política nos fornece outro conceito instigante para pensar a relação entre poder e legalidade: em certas sociedades tradicionais, o poder é intencionalmente esvaziado de coercitividade. O antropólogo Pierre Clastres, em *A Sociedade contra o Estado* (1974), mostra que muitos povos indígenas nas Américas organizavam suas comunidades de modo a impedir o surgimento de um poder central tirânico. O cacique tribal, por exemplo, frequentemente tem um papel sobretudo ritual e consultivo, carecendo de meios para impor sua vontade pela força. "O chefe primitivo é um chefe sem poder: como poderia ele impor a lei do seu desejo a uma sociedade que o recusa?" pergunta Clastres. Nesses povos, a própria cultura dissemina um antídoto contra o arbítrio – se o chefe tentar mandar demais, a comunidade simplesmente o ignora ou o abandona. Essa ideia de *poder difuso e controlado coletivamente* contrasta com a lógica estatal moderna, em que o poder se concentra e muitas vezes escapa ao controle da sociedade.

Ao examinar o caso em tela (a saber, a recusa de Trump em obedecer a um mando do tribunal) sob a luz de Clastres, percebemos a ausência, em nossas instituições, de mecanismos culturais robustos para refrear o abuso de autoridade. As democracias liberais criaram freios jurídicos (freios e contrapesos, separação de poderes), mas esses dependem do respeito às regras – justamente o que falta quando o poder decide zombar da justiça. Talvez falte, em nosso imaginário político, a noção de que a sociedade deve estar "contra o Estado" no sentido de vigiar constantemente os detentores do mando, impedindo que acumulem atribuições ilimitadas. Além de Clastres, podemos evocar aqui David Graeber, antropólogo contemporâneo que estudou tanto sociedades sem Estado quanto a burocracia das sociedades com Estado. Ele sugere que onde as hierarquias se cristalizam sem resistência cultural, o resultado é a servidão voluntária e o colapso da obrigação do governante prestar contas. Em última instância, a erosão institucional ocorre porque a sociedade civil e as culturas políticas deixam de cumprir o papel de limitar o poder – seja por apatia, coação ou mesmo fascínio pelo líder. Aprendemos com a antropologia do poder que um regime político só permanece justo se existir um permanente contraponto social às tendências centrípetas do mando. Sem isso, o Estado tende a zombar da justiça porque nada em volta o constrange a agir de outro modo.

Ilusão da legalidade e privilégio burocrático

Outro aporte analítico vem da crítica à burocracia e ao formalismo legal, articulada por autores como David Graeber e Michel Foucault. Vivemos em sociedades regidas por regras impessoais, procedimentos, códigos e contratos – o que teoricamente garantiria isonomia ("todos são iguais perante a lei"). No entanto, essa igualdade formal pode se revelar uma *farsa* quando observamos a assimetria real de poder. Graeber observou que a burocracia muitas vezes fornece uma ilusão de justiça: as regras existem, mas aqueles no topo frequentemente não as seguem. Como ele ironiza, "se você está no topo da árvore burocrática, essas regras não se aplicam" – o poderoso sempre encontra um modo de contorná-las – ao passo que os de baixo permanecem presos na teia de exigências e punições.

Assim, as instituições passam a operar com dois pesos e duas medidas: rigidez legal para uns, exceção e indulgência para outros. No caso em análise, é exatamente isso que se vê: o poder dominante move-se como se estivesse acima das leis, ao passo que demanda obediência legal estrita de seus adversários e subalternos. Esse duplo padrão corrói a legitimidade institucional, pois cidadãos percebem a injustiça intrínseca – a fachada de legalidade desaba, restando o cinismo. Foucault ajuda a entender como o poder disciplinar inculca obediência automática nos indivíduos comuns (através de escolas, repartições, prisões, meios de comunicação), ao mesmo tempo em que os aparelhos de Estado podem atuar de forma extremamente arbitrária sem serem questionados. Quando a legalidade vira teatro, o *ethos* republicano se esvazia: policiais, juízes e tecnocratas podem continuar repetindo ritos legais, mas o resultado concreto já foi decidido nos bastidores pelo poderoso de plantão. Em suma, a erosão institucional pela burocracia manifesta-se na desconexão entre a norma e a realidade.

Um exemplo ilustrativo vem da análise de Graeber sobre a aplicação desigual da lei: "*Todos são iguais perante a lei, mas o problema é que nunca funciona assim*" . No limite, o formalismo se torna cúmplice do poder – as aparências de devido processo ou legalidade persistem apenas para mascarar decisões arbitrárias. Esse conceito nos leva a questionar: até que ponto, no caso presente, as instituições jurídicas estavam realmente funcionando segundo seu espírito, e em que medida se tornaram engrenagens obedientes a um comando político superior? A ilusão da legalidade é parte do mecanismo pelo qual o poder zomba da justiça sem enfrentar de imediato a revolta popular – mantém-se a linguagem da lei, porém esvaziada de eficácia e equidade.

Legalidade, Soberania Limitada e o Povo como Juiz de Última Instância

Episódios como esse em tela evocam questões centrais da teoria política e do direito: qual é o papel da legalidade diante do poder? Até onde vai a soberania de um governante no Estado de Direito? E, em crise institucional, quem é o juiz derradeiro – as instituições formais ou o povo nas ruas?

A ideia de poder soberano limitado pelas leis é pilar do constitucionalismo moderno. John Locke já argumentava que o governante exerce um poder fiduciário, condicionado ao bem público; se viola a confiança, o povo pode revogar esse poder. Nas democracias atuais, isso se traduz em tribunais constitucionais, separação de poderes e impeachment.

A soberania popular manifestase justamente nos momentoslimite: quando o Executivo rompe a legalidade e bloqueia os freios institucionais, a cidadania erguese para restaurar a ordem. Rawls recorda que em uma sociedade democrática, o tribunal de última instância é o conjunto dos cidadãos. Foi o que se viu nas ruas de Seul, do Cairo e de Islamabad: o povo, como poder constituinte difuso, reativou o Estado de Direito e impôs limites à soberania abusiva. Voltaremos a este tema.

Carl Schmitt, já citado, sustentou que soberano é quem decide sobre o estado de exceção, mas a prática demonstrou os riscos dessa tese: declararse "soberano da exceção" costuma minar a legitimidade do governante e convocar reação popular. Contra essa visão, Hans Kelsen defende o primado da Constituição e do Judiciário mesmo em crises, reafirmando que nem o estado de exceção legitima o abandono permanente da legalidade.

Em síntese, os confrontos entre Executivo e Judiciário que levaram à queda de presidentes confirmam dois princípios: a legalidade modera e legitima o poder, e a soberania popular é a guardiã derradeira da Constituição. Quando governantes rompem o contrato constitucional, as multidões podem transformar praças em tribunais de última instância, restaurando o equilíbrio entre poder e lei.

Expansão - Visitando casos similares

Comparações históricas reveladoras: Vale comparar o caso contemporâneo com momentos históricos em que líderes testaram os limites da legalidade. Por exemplo, Abraham Lincoln, em plena Guerra Civil Americana, suspendeu o *habeas corpus* sem autorização expressa do Congresso, gerando enorme controvérsia sobre os poderes de emergência – foi um caso em que até um estadista emblemático ponderou que, para salvar a nação, talvez fosse preciso ferir momentaneamente a Constituição. Já Richard Nixon, no escândalo Watergate, agiu como se a autoridade presidencial o colocasse acima da lei; celebremente declarou que "*quando o presidente faz algo, isso significa que não é ilegal*", frase que sintetiza a mentalidade do poder que se imagina impune. A consequência foi a quase ruptura institucional nos EUA, evitada apenas por uma combinação de imprensa livre, investigação legislativa e pressão da opinião pública levando à renúncia do presidente. No Brasil, um paralelo histórico evocativo é Getúlio Vargas: em 1937, após anos flertando com a exceção, Vargas fechou o Congresso e instaurou o Estado Novo através de um golpe auto legalizado – outorgou uma nova Constituição autoritária, mantendo a fachada de ordem legal enquanto eliminava liberdades e perseguindo opositores. Essas comparações (Lincoln, Nixon, Getúlio) mostram diferentes facetas do confronto entre poder e legalidade: em alguns casos, a história julgou que a ruptura excepcional serviu a um bem maior (Lincoln acabou canonizado pela vitória e preservação da União); noutros, a arrogância diante da lei levou à queda ignominiosa (Nixon); em outros ainda, a zombaria das instituições degenerou em ditadura (Getúlio 1937). Tais referências históricas visam ampliar o horizonte do debate, alertando para lições aprendidas: a tentação autoritária de governantes em crises, os riscos de *impunidade* percebida, e as respostas institucionais (ou falta delas) que determinaram o destino dessas nações. Isso visa situar o caso atual num continuum histórico, percebendo padrões recorrentes de erosão democrática e resistência institucional.

A figura do "soberano de exceção" na atualidade corresponde ao arquétipo teorizado por Schmitt – aquele que decide quando a lei vale ou não. No cenário descrito, quem desempenha esse papel? Seria o chefe do Executivo que descumpre ordens judiciais e convoca seguidores contra a Suprema Corte? Ou o

Legislativo que muda as regras do jogo para proteger aliados? Identificar o "soberano de exceção" de hoje ajuda a deixar claro onde se concentra a erosão institucional. Além disso, poder-se-ia comparar essa figura com líderes recentes em outros países que adotaram estratégias semelhantes. Por exemplo, Viktor Orbán na Hungria, governou por decretos e enfraqueceu os tribunais sob justificativa de emergência migratória, e o próprio Donald Trump e seu desdém por decisões judiciais e incentivos à turba no Capitólio em 6 de janeiro de 2021 que mostraram como ele se via acima da lei. No Brasil recente, notadamente em setembro de 2021 o presidente e outras figuras políticas investiram contra o sistema de freios e contrapesos – atribuindo-se prerrogativas quase monárquicas – evocando esse conceito schmittiano. Trazer esses exemplos comparados e nomear o *soberano de exceção* no caso em tela permite discutir o culto da personalidade e o estado de emergência fabricado que geralmente acompanham esse fenômeno: tais líderes costumam cultivar uma imagem messiânica ("só eu posso resolver") e invocar perigos iminentes (reais ou imaginários) para justificar medidas excepcionais. Urge um exame crítico da liderança carismática autocrática e de como o imaginário coletivo às vezes legitima o soberano de exceção – até que ponto a população aceita ou repele um líder que se coloca acima das leis?

Mídia e cultura jurídica no imaginário coletivo: Por fim, vale investigar o papel da mídia e da cultura jurídica na forma como a sociedade percebe (e eventualmente tolera ou reprova) a zombaria do poder contra a justiça. Uma análise de como o noticiário, as redes sociais e mesmo obras culturais (filmes, novelas, literatura) moldam a compreensão pública sobre escândalos de impunidade ou embates entre poderes. Por exemplo, uma mídia investigativa e independente pode atuar como contrapoder, revelando abusos e mobilizando a indignação popular – como ocorreu no caso Watergate. Já uma mídia complacente ou capturada tende a minimizar os atos ilícitos dos poderosos, contribuindo para normalizá-los no imaginário popular. Importa observar como jornais, telejornais e influenciadores digitais retratam os eventos: com um verniz de espetáculo, um tratamento sensacionalista que obscurece as questões de princípio? Ou com clareza didática em explicar por que tais atos ferem o Estado de Direito? Da mesma forma, examinar a cultura jurídica de um país – isto é, o repertório de valores e crenças que juristas, estudantes de direito e cidadãos em geral têm sobre as leis – vez que isso impacta na resiliência institucional.

Em sociedades em que impera o *legalismo* acrítico ("lei é lei, cumpra-se, não importa a justiça substantiva"), abusos legais podem prosperar sem contestação ética. Em outras onde vigora um *culto personalista* (a crença de que o líder encarna a vontade do povo acima das leis), a opinião pública pode aplaudir o governante que enfrenta os juízes "em nome do povo". A zombaria do poder não ocorre no vácuo, mas num campo de disputas narrativas e simbólicas. Questionamentos possíveis: a mídia vem retratando o poderoso infrator como "herói injustiçado" ou como "vilão"? Vez que nenhuma erosão institucional avança sem algum grau de aquiescência social – seja pela manipulação midiática, seja pela fragilidade da cultura democrática. Há neste contexto suma importância de formar uma opinião pública esclarecida e uma cultura jurídica comprometida com valores republicanos, como antídotos contra o riso dos tiranos diante dos tribunais.

Trump é vezeiro

Ao longo de seus dois mandatos, Donald Trump cultivou uma relação de confronto permanente com o Poder Judiciário, ora recorrendo aos tribunais para blindar interesses pessoais, ora enxovalhando magistrados quando suas decisões contrariavam a agenda política da Casa Branca. O padrão manifestou-se ainda na campanha de 2016, quando o então candidato alegou que o juiz federal Gonzalo Curiel, encarregado do processo sobre a Trump University, seria "parcial" por ter ascendência mexicana — primeira insinuação pública de que a identidade de um magistrado valeria mais do que sua isenção técnica. Já instalado no Salão Oval, Trump reagiu ao bloqueio do seu primeiro decreto migratório — o chamado "travel ban" — chamando o magistrado James Robart de "pseudo-juiz" e acusando a Corte de Apelações do Nono Circuito de pôr "o país em perigo". A crítica transformou-se em recurso tático: cada revés judicial era seguido de pressão política sobre as cortes e de mobilização virtual de apoiadores contra "juízes ativistas".

Em 2017 e 2018, a troca de hostilidades atingiu o vértice da Suprema Corte. O governo insistiu em manter o veto a viajantes de países de maioria muçulmana, e, embora tenha sofrido liminares sucessivas em primeira instância, comemorou quando o tribunal, por estreita maioria, validou versão suavizada do decreto. O episódio fixou a lição trumpista: contestar publicamente as decisões até obter composição mais favorável, moldando a jurisprudência pela insistência. Ao mesmo tempo, a Casa Branca estimulava a ideia de que existiam "juízes de Obama" ou "juízes de Trump", rótulos que levaram o presidente do Supremo, John Roberts, a um raro pronunciamento de defesa da independência judicial — prontamente ridicularizado pelo chefe do Executivo no Twitter com a ressalva de que "Roberts pode ter sua opinião, mas ainda assim temos magistrados nomeados por presidentes".

No primeiro mandato, Trump também interpelou as cortes no campo criminal. Quando o conselheiro Roger Stone foi condenado por obstrução e falso testemunho, o presidente atacou a juíza Amy Berman Jackson, sugerindo que ela teria "perdido o controle" e ironizando a seriedade do júri. Pouco depois, comutou a pena do aliado às vésperas de sua prisão, ignorando o manual de clemência que recomenda análise técnica do Departamento de Justiça. Esse gesto, descrito por procuradores como "rasgo unilateral do fio que separa política e Justiça", inaugurou a prática de usar a caneta presidencial para revogar sentenças consideradas incômodas.

A conflagração com o Judiciário intensificou-se quando promotores de Nova York exigiram os registros tributários do presidente. Trump alegou imunidade absoluta, mas o Supremo rejeitou o argumento, afirmando que "nenhum cidadão, nem mesmo o presidente, está acima do dever comum de produzir provas". A Casa Branca respondeu atrasando o cumprimento da decisão com manobras processuais, ao passo que o mandatário chamava a investigação de "caça às bruxas". Na mesma temporada, a Suprema Corte impediu que Trump extinguisse o programa DACA sem a devida justificativa administrativa e barrou o censo com pergunta sobre cidadania que, segundo os ministros, ocultava intenção discriminatória. Em cada derrota, as redes oficiais rotulavam os ministros como "políticos togados" e ampliavam a percepção de que o Judiciário seria adversário do eleitorado trumpista.

Com a derrota eleitoral de 2020, a estratégia migrou do questionamento retórico para o assédio direto: dezenas de ações contestando o resultado foram apresentadas em tribunais estaduais e federais; todas fracassaram, algumas com votos de magistrados indicados pelo próprio presidente. Trump reagiu assegurando que "juízes covardes" temiam a imprensa e insinuando que a Suprema Corte carecia de "coragem" por não acolher a demanda do Texas que pedia anulação dos votos em estados-chave. O ponto de inflexão ocorreu em 6 de janeiro de 2021, quando, poucas horas depois de incitar a multidão a marchar sobre o Capitólio, o presidente criticou Mike Pence por não ter "força" para rejeitar as certificações estaduais apesar dos "malditos juízes que não fizeram nada". O cerco ao Congresso — e o cerne à legalidade — foi acompanhado de tentativas de coagir autoridades eleitorais, convocar legislaturas estaduais a descumprir decisões de suas supremas cortes e pressionar o Departamento de Justiça a ajuizar ações infundadas.

Reeleito em 2024, Trump iniciou o segundo mandato com composição ainda mais favorável na Suprema Corte, mas manteve a postura insurgente. Promulgou decreto responsabilizando pessoalmente magistrados por "sentenças que coloquem a segurança nacional em risco" — peça simbólica sem efeito prático, mas cujo objetivo era intimidar juízes de primeira instância. Em 2025, já sob investigação legislativa pelos eventos de 6 de janeiro, Trump ignorou intimação do Congresso e orientou ex-assessores a adotar a mesma linha; Steve Bannon e Peter Navarro foram condenados por desacato, e o presidente lamentou que "tribunais infestados de socialistas" quisessem "calar vozes patrióticas". Quando o Quarto Circuito exigiu o retorno de Kilmar Abrego Garcia, assunto que nos moveu a este estudo, Trump ridicularizou a decisão em rede nacional, reforçando a tática de converter cada ordem judicial em motivo de escárnio político.

Nesse percurso, o cidadão comum aprendeu a ver a Justiça como arena de espetáculo: audiências transmitidas on-line, despachos convertidos em memes, peticionamentos divulgados seletivamente para galvanizar indignação. O presidente incentivou litigâncias temerárias — de ações contra jornalistas a processos por dano moral contra opositores — criando sensação de que o Judiciário podia ser contratado como arma privada, ao mesmo tempo em que desprezava suas decisões quando não lhe eram úteis. A resultante foi um paradoxo: o volume de ações envolvendo o nome do presidente cresceu exponencialmente, mas o respeito efetivo às sentenças decresceu; a Corte passou a ser interpelada diuturnamente, porém seu prestígio público sofreu erosão inédita.

Essa história cumulativa mostra que o 14 de abril de 2025 não foi um raio em céu claro. Foi o ápice de um itinerário iniciado com ataques a um juiz "mexicano", passando pela difamação de magistrados que barravam decretos migratórios, prosseguindo com a obstrução de investigações financeiras, avançando sobre tribunais eleitorais e culminando no desafio frontal a uma ordem unânime da Suprema Corte. Cada passo fortaleceu a crença de que a lei poderia ser dobrada pela vontade do Executivo; cada recuo judicial, mesmo quando parcial, era celebrado como confirmação de que o confronto valia a pena. Assim, a zombaria de Trump à Justiça não é apenas gesto de ocasião: é a lógica consequente de uma longa pedagogia do desrespeito, em que o litígio serve de palco, a derrota vira combustível e a própria estrutura constitucional é reduzida a obstáculo a ser desmoralizado — uma pedagogia cuja lição final recai sobre o futuro da democracia americana.

Casos Recentes de Confronto entre Executivo e Judiciário

Yoon Sukyeol – quando o veto vira ruptura: A trajetória de Yoon Sukyeol começou como procuradorgeral que desafiava o Executivo e terminou, em abril de 2025, com a cassação do seu próprio mandato presidencial. Em dois anos de governo, Yoon exibiu a mais alta taxa de vetos da Coreia do Sul desde a redemocratização, barrando quinze projetos aprovados pela Assembleia Nacional – entre eles, dois pedidos de investigação especial sobre a morte de um fuzileiro em treinamento, o que lhe valeu acusações de obstrução ao controle civil sobre as Forças Armadas. A tensão atingiu o ponto de combustão em 3 de dezembro de 2024, quando o presidente, alegando "paralisia legislativa", decretou lei marcial limitada, enviou tropas para o entorno do Parlamento e suspendeu sessões plenárias por seis horas.

A reação foi fulminante. No mesmo dia, milhares de manifestantes ergueram velas diante do prédio da Corte Constitucional, denunciando um "golpe branco". Sessenta e oito horas depois, a Assembleia aprovava o impeachment; em 4 de abril de 2025, a Corte confirmou a destituição, declarando que o decreto marcial "subverteu a ordem constitucional" e "traiu a confiança popular". Yoon tornouse o primeiro presidente sulcoreano removido por unanimidade de todos os oito juízes. Duas semanas mais tarde, iniciouse no Tribunal Distrital Central de Seul o julgamento por insurreição, com promotores sustentando que oficiais foram instruídos a "conduzir coercitivamente" deputados para fora do plenário, caso resistissem. Sob o impacto da crise, eleições antecipadas foram convocadas para 3 de junho de 2025, reabrindo o debate sobre limites do poder presidencial e autonomia do Judiciário.

Mohamed Morsi: a exceção que devorou o mandatário

No Egito, Mohamed Morsi editou em novembro de 2012 um decreto que blindava seus atos de qualquer revisão judicial. Greves de magistrados e manifestações maciças na praça Tahrir minaram rapidamente o apoio político do presidente. Embora revogasse parte das medidas, Morsi não conseguiu recompor a legitimidade. Em julho de 2013, depois de protestos de dezenas de milhões, foi deposto; o presidente da Suprema Corte assumiu interinamente e anunciou cronograma de transição constitucional. A tentativa de colocarse acima da lei converteuse em catalisador da própria queda.

Lições filosóficopolíticas

Ambos os casos expõem o fio tênue que sustenta a soberania em Estados de Direito. Para John Locke, o poder executivo é fiduciário e revogável quando viola o bem comum; para John Rawls, a cidadania mobilizada é o "tribunal final" da Constituição. A experiência coreana e egípcia confirma que a exceção proclamada pelo governante não se sustenta sem legitimidade social: quanto mais prolongada, mais corrói a própria base de autoridade. A tese de Carl Schmitt, segundo a qual "soberano é quem decide sobre a exceção", tropeça na prática: a comunidade política dispõe de meios – judiciais, parlamentares e, sobretudo, populares – para recolocar o poder nos trilhos legais. A deposição de Yoon ilustra um modelo em que protestos de velas, voto parlamentar e veredicto judicial convergem, convertendo o povo em juiz de última instância e restaurando o equilíbrio entre força e direito.

Legalidade, Soberania Limitada e o Povo como Juiz de Última Instância

Os episódios sulcoreano e egípcio suscitam questões fundamentais da filosofia política: qual o limite da soberania em um Estado de Direito? Quem decide em última instância quando o Executivo rompe a legalidade?

A tradição constitucional moderna afirma que o poder do governante é fiduciário: recebido do povo, condicionado ao bem comum e ao respeito às leis. Quando esse pacto é violado, a legitimidade evapora e, como ensinou John Locke, o poder retorna ao povo, que pode revogar o mandato. Nesses momentoslimite, a cidadania mobilizada funciona como poder constituinte difuso, compelindo as instituições formais – tribunais, legislativo, forças de segurança – a restaurar a ordem legal. É a soberania popular atuando como juíza derradeira, conforme recorda John Rawls ao destacar que, em democracia, o tribunal final é o eleitorado.

Carl Schmitt sustentou que "soberano é quem decide sobre a exceção", mas a prática demonstra que governantes que se arrogam superiores à lei tendem a perder legitimidade e a enfrentar resistência social e institucional. A experiência indica que a exceção prolongada destrói o próprio fundamento do poder. Quando isso ocorre, a convergência entre povo mobilizado e Judiciário insurgente costuma precipitar a queda ou a derrota do líder, recolocando a soberania nos trilhos da legalidade.

Em suma, os confrontos entre Executivo e Judiciário confirmam dois princípios: a legalidade modera e legitima o poder, e a soberania popular é guardiã derradeira da Constituição. Quando governantes rompem o contrato constitucional, as praças podem transformarse em tribunais de última instância, restaurando o equilíbrio entre poder e lei.

Bolsonaro: afronta como método

A sucessão de desacatos institucionais praticada por Donald Trump encontra eco quase especular na experiência brasileira recente, na qual Jair Bolsonaro transformou a desobediência judicial em método de ação política. Ainda em 2019, seu primeiro ano de mandato, já incentivava aliados a protocolarem pedidos de impeachment de ministros do Supremo Tribunal Federal, numa tentativa deliberada de deslegitimar o tribunal perante a opinião pública. O confronto recrudesceu em 2020, quando, durante transmissão oficial nas redes, o presidente expôs partes de um inquérito sigiloso da Polícia Federal sobre ataque hacker ao TSE para insinuar fraude nas urnas eletrônicas, violando o dever de sigilo e tensionando a relação com a Justiça Eleitoral. A inflexão decisiva, porém, deu-se em 7 de setembro de 2021: diante de multidões na Avenida Paulista, Bolsonaro chamou o ministro Alexandre de Moraes de "canalha" e declarou que dali em diante não mais cumpriria suas decisões, anúncio explícito de desobediência à Corte que guarda a Constituição.

No dia seguinte, pressionado por reação institucional e pela ameaça de responsabilização, o presidente recuou numa carta redigida com auxílio de Michel Temer, mas não se retratou; tratou o termo "canalha" como excesso retórico e atribuiu suas ameaças ao "calor do momento", preservando o precedente simbólico da insubordinação. A escalada prosseguiu em abril de 2022, quando o Supremo condenou o deputado Daniel Silveira a oito anos de prisão por incitação à violência contra ministros; poucas horas depois, Bolsonaro editou decreto de graça individual que anulava os efeitos da sentença, manobra que, na avaliação do criminalista Kakay, configurou desvio de finalidade e "esbofeteou a nação" ao converter prerrogativa republicana em salvo-conduto de aliado político. Para o constitucionalista Lenio Streck, o gesto obrigou o STF a "inventar anticorpos" a fim de evitar que a Corte fosse solapada por um Executivo decidido a corroer o pacto constitucional por dentro.

Paralelamente, o Planalto estimulou a tese de fraude eleitoral, convocou militares a "auditar" as urnas e litigou contra o TSE, tática descrita pelo próprio ministro Alexandre de Moraes como tentativa de fabricar um estado permanente de suspeição que justificasse medidas de exceção. Pedro Serrano enquadra tal procedimento como expressão de um "estado de exceção dentro da democracia": usa-se o interior da própria ordem jurídica — indultos, decretos, transmissões oficiais — para minar a Constituição enquanto se mantém a aparência de normalidade.

Derrotado em outubro de 2022, Bolsonaro ensaiou contestar o resultado; quando milhares de apoiadores, inflamados por meses de retórica conspiratória, invadiram e depredaram o STF, o Congresso e o Palácio do Planalto em 8 de janeiro de 2023, o ex-presidente, então abrigado na Flórida, manteve-se em silêncio, omissão que uma comissão parlamentar de inquérito qualificou como peça do mesmo roteiro golpista e recomendou seu indiciamento por tentativa de golpe de Estado. Investigação da Polícia Federal revelou, em relatório de 884 páginas, a existência de seis núcleos operacionais dedicados a desinformação, agitação em quartéis e espionagem, articulados em torno do ex-mandatário para impedir a posse de seu sucessor. Havia inclusive um plano de eliminação do sucessor, Lula da Silva, além da eliminação simultânea de Geraldo Alkimin, eleito vice-presidente e Alexandre de Moraes, eleito o desafeto de Bolsonaro no Supremo. Este plano chegou a ser posto em marcha, mas foi abortado antes de cair a primeira vítima.

A sequência de atos — das ofensas públicas e ameaças de desobediência, passando pela manipulação da graça presidencial, até o silêncio diante da violência física — confirma o diagnóstico de Serrano: a exceção internalizada mata a democracia sem tanques nas ruas, porque naturaliza a ideia de que a lei vale apenas para adversários, jamais para o chefe político. Streck acrescenta que, nesse processo, o STF foi compelido a adotar posturas de autodefesa inéditas, sendo acusado simultaneamente de leniência por uns e de ativismo por outros, sintoma do abalo à legitimidade que se alastra quando o poder debocha da justiça. Kakay, por sua vez, alerta que o sistema de freios e contrapesos só sobrevive se a sociedade repudiar de forma clara o uso personalista de prerrogativas constitucionais; do contrário, o precedente de impunidade se cristaliza e a exceção vira rotina.

O caso Trump, portanto, não é apenas paralelo histórico: converteu-se em modelo normativo que irradiou para o Brasil e ofereceu justificativa discursiva a Bolsonaro e seus círculos para desafiar tribunais. O riso dos poderosos diante das sentenças, quando ecoa sem resposta enérgica, anuncia o crepúsculo do pacto republicano. A memória detalhada dessas agressões — dos pedidos em série para depor ministros, passando pela explicitada recusa em cumprir decisões, até o indulto que anulou uma condenação da Corte — é antídoto contra a amnésia institucional. Recordar, com dados e vozes qualificadas, como um chefe de Estado tratou a lei como flanela descartável é proteger o futuro: apenas a vigilância cidadã e a firmeza das instituições poderão impedir que o arbítrio se estabeleça como regra, como já advertiam Serrano, Streck e Kakay.

Referências Acadêmicas e Filosófico-Políticas

Agamben, G. (2003). *Estado de exceção*. São Paulo: Boitempo.

Arendt, H. (1970). *Sobre a violência*. São Paulo: Companhia das Letras.

Benjamin, W. (1921). *Zur Kritik der Gewalt*. Frankfurt: Suhrkamp.

Clastres, P. (1974). *La société contre l'État*. Paris: Les Éditions de Minuit.

Graeber, D. (2015). *The utopia of rules: On technology, stupidity, and the secret joys of bureaucracy*. Nova York: Melville House.

Hobbes, Thomas. Leviatã ou Matéria, Forma e Poder de um Estado Eclesiástico e Civil. 1651.

Kelsen, H. (1934). *Teoria pura do direito*. São Paulo: Martins Fontes.

Locke, J. (1690). *Segundo tratado sobre o governo civil*. São Paulo: Abril Cultural.

Rawls, J. (2001). *Justice as fairness: A restatement*. Cambridge: Harvard University Press.

Marx, Karl e Friedrich Engels. Manifesto do Partido Comunista. 1848.

Platão. A República (Livro I). ca. 380 a.C.

Schmitt, C. (1922). Teologia política. São Paulo: Martins Fontes.

2. Referências Jornalísticas e de Atualidade

ABC News. (s.d.). *Cobertura sobre política nos Estados Unidos.*

Al Jazeera. (2012–2013). *Cronologia da crise egípcia.*

Associated Press. (2007). *Destroying legality: Pakistan's crackdown on lawyers and judges.* Human Rights Watch.

Associated Press. (2022, outubro 6). *Report on Trump administration.*

Associated Press. (2023, outubro 12). *Judicial independence under threat.*

Associated Press. (2024, outubro 14). *Supreme Court rulings and executive power.*

Associated Press. (2025, abril 5). *Tensions in East Asia.*

Atlantic Council. (s.d.). *Egypt's constitutional crisis.*

Atlantic Council. (s.d.). *Análise do impeachment de Park Geun-hye.*

Baltimore Sun. (s.d.). *Comentário sobre resistência institucional.*

BBC News. (2020). *Cobertura do impasse Yoon Suk-yeol × Ministério da Justiça.*

BBC News. (s.d.). *Cobertura da destituição de Park Geun-hye.*

CNN. (2020, julho 9; 2021, fevereiro 22). *Cobertura sobre crises institucionais nos EUA.*

CNN Brasil. (2021, setembro 7; 2025, março 25). *Análises sobre política brasileira.*

Folha de S.Paulo. (2022, abril 21; agosto 4). *Relatos sobre crises institucionais no Brasil.*

Fox News. (s.d.). *Cobertura política durante governo Trump.*

Guardian, The. (s.d.). *Cobertura do Movimento dos Advogados no Paquistão.*

Korea Herald, The. (2021, março 4). *Análise da renúncia de Yoon.*

Lewis, M. K. (2025, abril 16). *Trump is laughing at the Supreme Court and the Constitution*. The Hill / Yahoo News.

Litman, H. (2025). *Judicial response to authoritarianism*. The New Republic.

Metrópoles. (2022, abril 22). *Reportagem sobre governo Bolsonaro.*

NPR. (s.d.). *Cobertura sobre governança e direito nos EUA.*

O Estado de S. Paulo. (2022, agosto 3). *Crise institucional no executivo federal.*

O Globo. (2022, outubro 26). *Relato sobre decisões do STF.*

Reuters. (2025, abril 5; abril 14). *Cobertura sobre Coreia do Sul e instabilidade regional.*

SCOTUSblog. (2018, junho 26; 2020, junho 18). *Relatórios sobre decisões da Suprema Corte dos EUA.*

Washington Post. (2016, junho 1; junho 2). *Investigative reporting on Trump administration.*

Yonhap News. (2020, dezembro 24). Decisão do Tribunal Administrativo de Seul reinstalando Yoon.

3. Fontes Jurídicas e Institucionais

Comissão Eleitoral da Coreia. (2022, março 9). *Relatório oficial sobre os resultados eleitorais.*

ConJur – Consultor Jurídico. (2017, junho 29). *Artigo de Pedro Serrano citado por Lenio Streck.*

Seoul National Bar Association. (2020). *Manifesto "Velas pela Lei"*. Ordem Nacional dos Advogados da Coreia.

4. Fontes Literárias, Históricas e Mitológicas

Crônicas anglo-saxônicas. (séc. IX–XI). *Genealogias e origens divinas de reis germânicos.* Londres: British Library.

Edda Poética; Edda em Prosa. (séc. XIII). *Tradições nórdicas sobre Wotan/Odin e a lança Gungnir.* Islândia: Islenska Fornrit.

pólen bold 90 gr/m2
tipologia calisto mt
impresso no outono de 2025